Impressum
Verlag: BABADADA GmbH, Nedderfeld 112 , 22529 Hamburg
Geschäftsführer / Verlagsleitung: Harald Hof
Druck: Books on Demand GmbH, In de Tarpen 42, 22848 Norderstedt

Imprint
Publisher: BABADADA GmbH, Nedderfeld 112 , 22529 Hamburg, Germany
Managing Director / Publishing direction: Harald Hof
Print: Books on Demand GmbH, In de Tarpen 42, 22848 Norderstedt, Germany

școală
shkolla

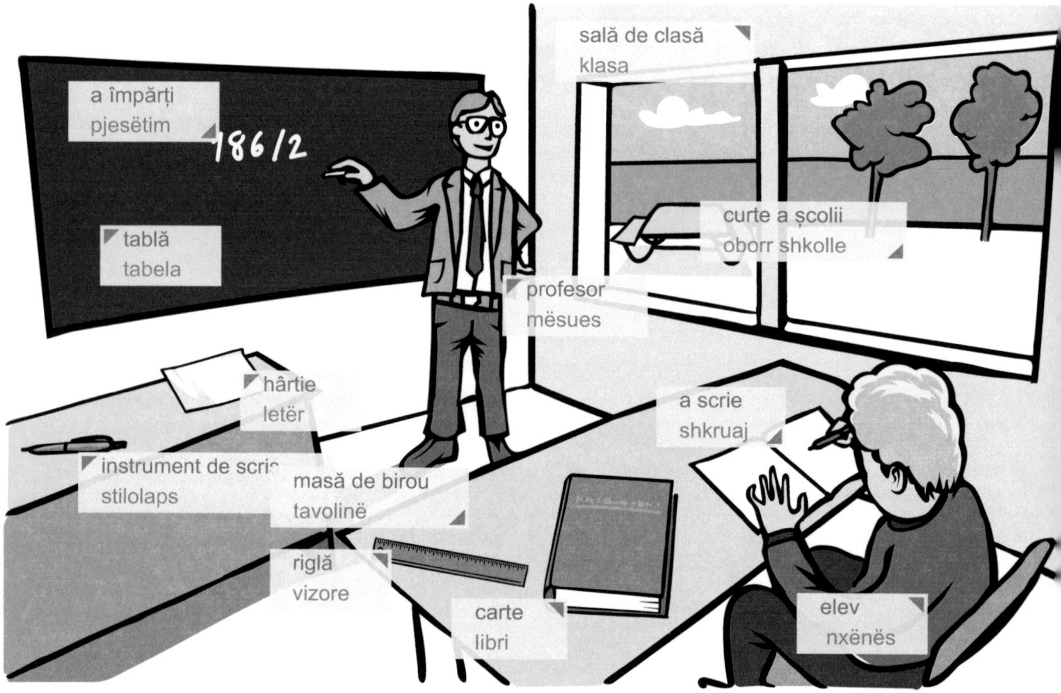

sală de clasă
klasa
a împărți
pjesëtim
186/2
curte a școlii
oborr shkolle
tablă
tabela
profesor
mësues
hârtie
letër
a scrie
shkruaj
instrument de scri
stilolaps
masă de birou
tavolinë
riglă
vizore
carte
libri
elev
nxënës

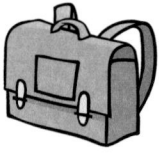

ghiozdan

çantë

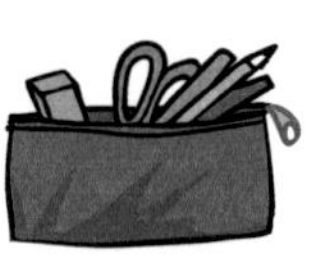

penar

mbajtëse lapsash

creion

laps

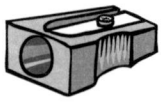

ascuțitoare

mprehës lapsash

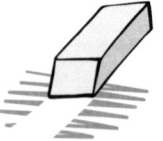

radieră

gomë

bloc de desen

fletore vizatimi

desen

vizatim

pensulă

penel

cutie de acuarele

kuti bojërash

foarfece

gërshërë

lipici

ngjitës

caiet de exerciţii

fletore detyrash

temă

detyrë shtëpie

numär

numër

a aduna

mbledh

a scădea

zbres

a multiplica

shumëzoj

a calcula

llogaris

literă

gërmë

alfabet

alfabeti

cuvânt

fjalë

text

tekst

a citi

lexoj

cretă

shkumës

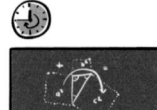

oră

mësim

catalog

regjistër

examen

provim

certificat

çertifikatë

uniformă şcolară

uniformë shkolle

educaţie

arsimim

enciclopedie

enciklopedia

universitate

universitet

microscop

mikroskop

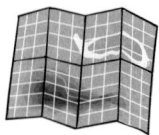

hartă

hartë

coş de gunoi

kosh letrash

călătorie
udhëtim

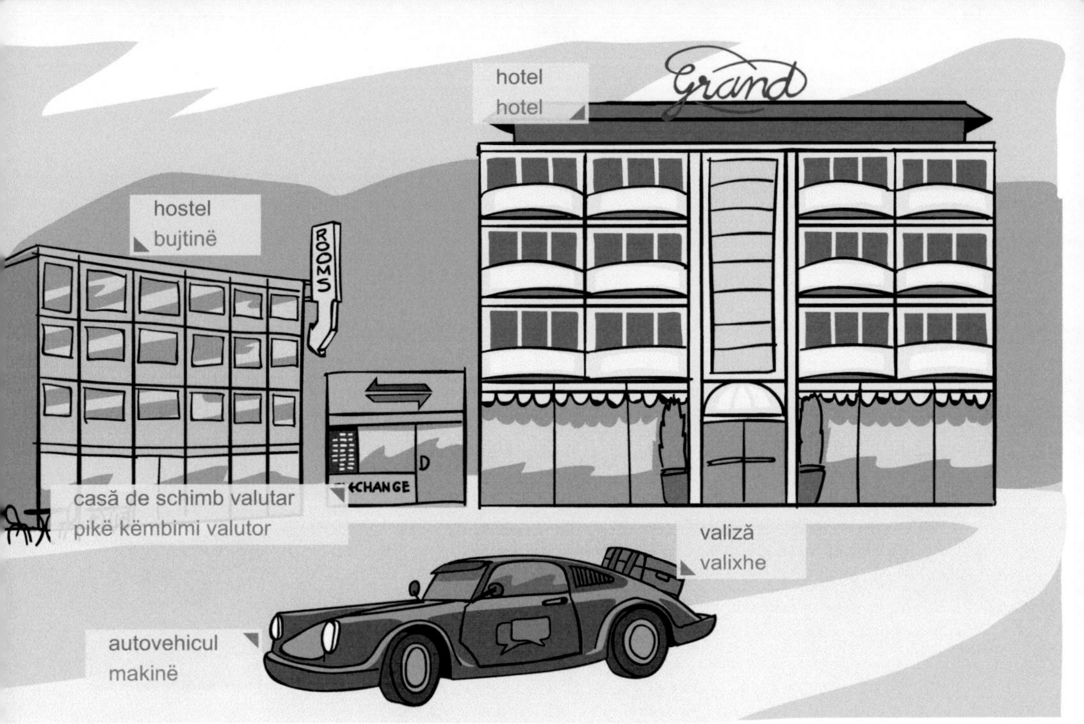
hotel
hotel
Grand
hostel
bujtinë
ROOMS
casă de schimb valutar
pikë këmbimi valutor
EXCHANGE
valiză
valixhe
autovehicul
makinë

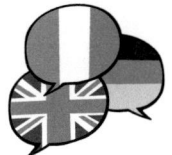

limbă

gjuhë

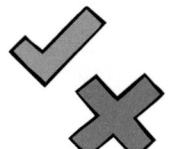

da/nu

po / jo

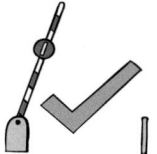

okay

Në rregull

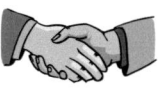

Bună!

ç'kemi

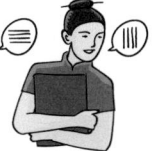

interpret

përkthyes

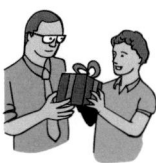

mulțumesc

Faleminderit

Cât costă...?

sa kushton...?

Nu înțeleg

nuk e kuptoj

problemă

problem

Bună seara!

Mirëmbrëma!

Bună dimineața!

Mirëmëngjes!

Noapte bună!

Natën e mirë!

la revedere

mirupafshim

direcție

drejtim

bagaj

bagazhet

geantă

çantë

rucsac

çantë shpine

oaspete

mysafir

cameră

dhomë

sac de dormit

thes gjumi

cort

tendë

punct de informare turistică

informacion për turistët

plajă

plazh

carte de credit

kartë krediti

mic dejun

mëngjes

masa de prânz

drekë

cină

darkë

bilet de călătorie

Biletë

lift

ashensor

timbru poştal

pulla

graniță

kufi

vamă

doganë

ambasadă

ambasadë

viză

vizë

pașaport

pasaportë

transport

transport

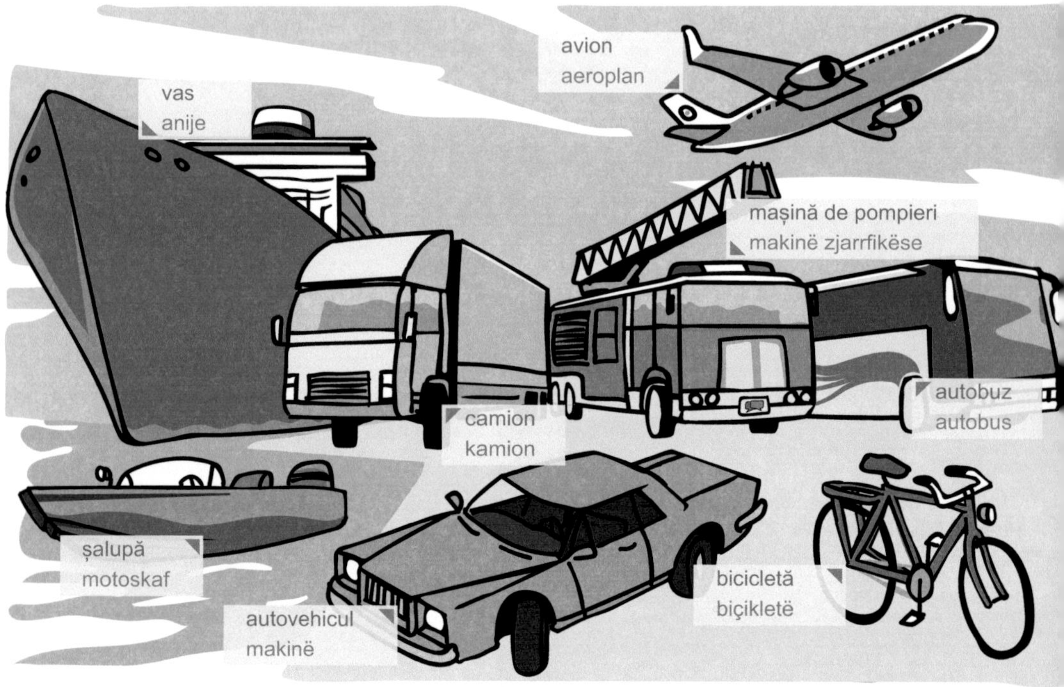
avion
aeroplan
vas
anije
mașină de pompieri
makinë zjarrfikëse
autobuz
autobus
camion
kamion
șalupă
motoskaf
bicicletă
biçikletë
autovehicul
makinë

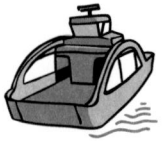

feribot

traget

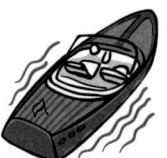

barcă

varkë

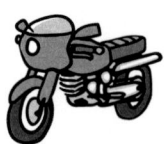

motocicletă

motoçikletë

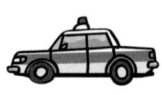

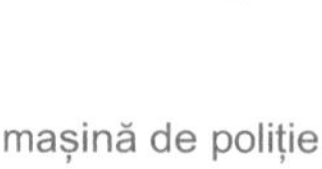

mașină de poliție

makinë policie

mașină de curse

makinë garash

mașină închiriată

makinë me qira

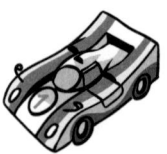

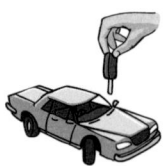

car sharing

ndarje e qirasë së makinës

maşină de tractat

karroatrec

maşină de gunoi

makinë plehrash

motor

motor

combustibil

benzinë

benzinărie

pikë karburanti

semn de circulaţie

sinjalistikë trafiku

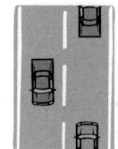

trafic

trafik

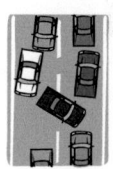

ambuteiaj

bllokim trafiku

parcare

parkim makinash

gară

stacion treni

şine

trase

tren

tren

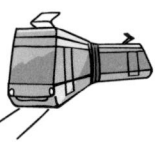

tramvai

tramvaj

vagon

karro

elicopter

helikopter

aeroport

aeroport

turn

kullë

pasager

pasagjer

container

kontenier

carton

kuti kartoni

căruţă

qerre

coş

shportë

a decola/a ateriza

ngrihem / ulem

oraş

qytet

sat

fshat

centru

qendra e qytetit

casă

shtëpi

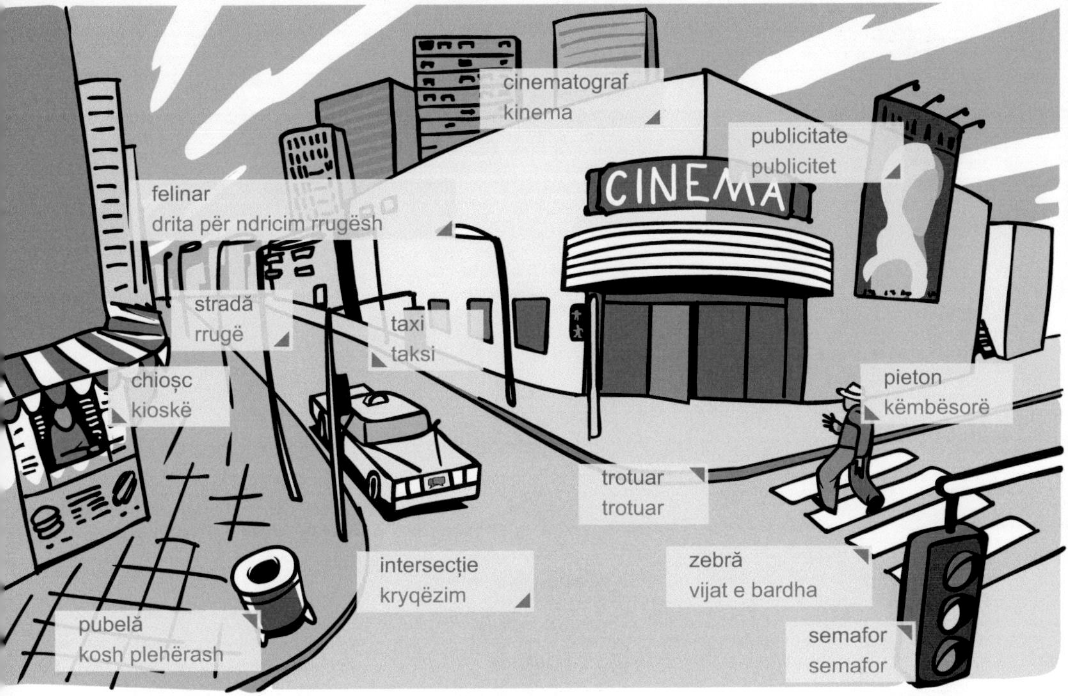

Scene labels (illustration at top):

- cinematograf / kinema
- publicitate / publicitet
- felinar / drita për ndricim rrugësh
- stradă / rrugë
- taxi / taksi
- chioșc / kioskë
- pieton / këmbësorë
- trotuar / trotuar
- intersecție / kryqëzim
- zebră / vijat e bardha
- pubelă / kosh plehërash
- semafor / semafor

cabană
kasolle

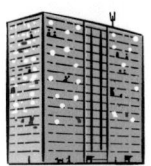

apartament
apartament

gară
stacion treni

primărie
bashki

muzeu
muze

școală
shkolla

universitate

universitet

bancă

bankë

spital

spital

hotel

hotel

farmacie

farmaci

birou

zyrë

librărie

librari

magazin

dyqan

florărie

dyqan lulesh

supermarket

supermarket

piață

market

magazin universal

mapo

comerciant de pește

dyqan peshku

centru comercial

qëndër tregtare

port

port

parc

park

bancă

stol

pod

urë

trepte

shkallë

metrou

metro

tunel

tunel

stație de autobuz

stacion autobuzi

bar

bar

restaurant

restorant

cutie poștală

kuti postare

tăbliță indicatoare cu
numele străzii

sinjalistikë rrugore

parcometru

kohëmatës parkimi

grădină zoologică

kopsht zoologjik

piscină

pishinë

moschee

xhami

gospodărie țărănească

fermë

poluare

ndotje

cimitir

varrezë

biserică

kishë

loc de joacă

shesh lojërash

templu

tempull

peisaj
peisazh

frunză
gjethe

indicator
tabela orientuese

drum
rrugë

pajiște
livadh

piatră
gurë

copac
pemë

drumeț
ekskursionist

râu
lumë

iarbă
bar

floare
lule

vale
luginë

deal
kodër

lac
liqen

pădure
pyll

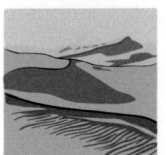

deşert
shkretëtirë

vulcan
vullkan

castel
kështjellë

curcubeu
ylber

ciupercă
kepudhë

palmier
palmë

ţânţar
mushkonjë

muscă
mizë

furnică
milingonë

albină
bletë

păianjen
merimangë

gândac

brumbull

broască

bretkosë

veveriţă

ketër

arici

iriq

iepure

lepur

bufniţă

buf

pasăre

zog

lebădă

mjellmë

porc mistreţ

derr i egër

cerb

dre

elan

dre brilopatë

dig

digë

turbină eoliană

turbinë ere

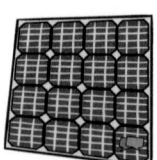

panou solar

panel diellor

climă

klimë

restaurant
restorant

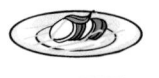

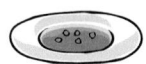

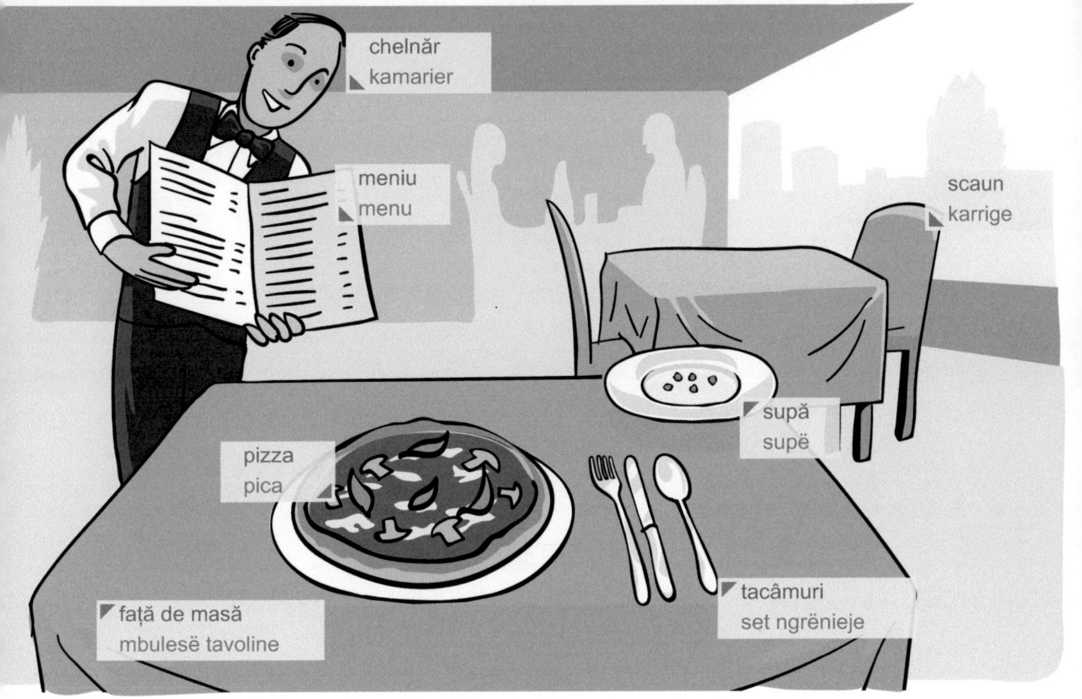
chelnăr
kamarier
meniu
menu
scaun
karrige
supă
supë
pizza
pica
tacâmuri
set ngrënieje
față de masă
mbulesë tavoline

antreu

pjatë e parë

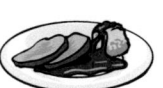

fel principal

pjatë kryesore

desert

ëmbëlsirë

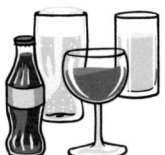

băuturi

pije

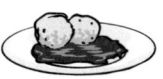

mâncare

ushqim

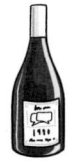

sticlă

shishe

fastfood

ushqim i shpejtë

streetfood

ushqim i shërbyer në rrugë

ceainic

ibrik çaji

zaharniță

kuti sheqeri

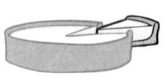

porție

racion

espressor

makinë kafeje ekspres

scaun înalt (pentru copii)

karrige e lartë

factură

faturë

tavă

tabaka

cuțit

thika

furculiță

pirun

lingură

lugë

linguriță

lugë çaji

șervețel

pecetë

pahar

gotë

restaurant - restorant

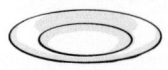

farfurie

pjatë

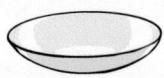

farfurie de supă

pjatë supe

farfurie

pjatë filxhani

sos

salcë

solniță

mbajtëse kripe

râșniță de piper

mulli piperi

oțet

uthull

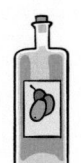

ulei

vaj

condimente

erëza

ketchup

keçap

muștar

mustardë

maioneză

majonezë

supermarket

supermarket

ofertă
ofertë speciale
FOR
client
klient
produse lactate
produkte bulmeti
fructe
frut
cărucior de cumpărături
karrocë pazari

BUTCHERS

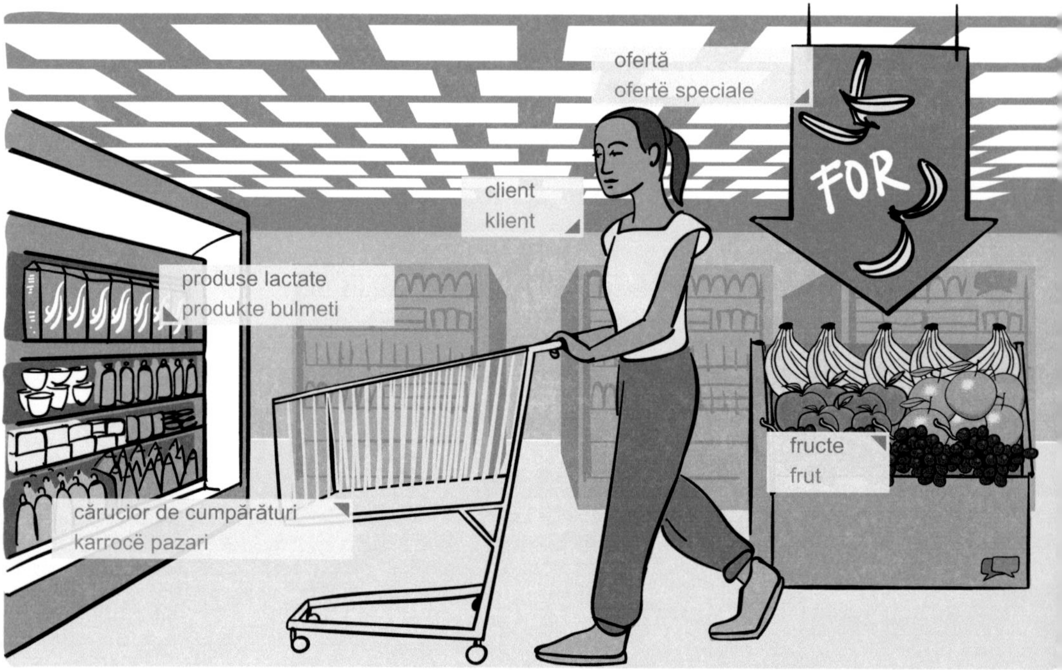

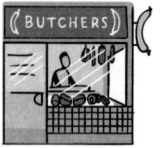

măcelărie

dyqan mishi

BAKERY

brutărie

furrë buke

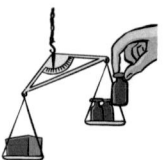

a cântări

peshoj

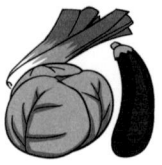

legume

perime

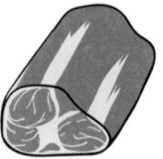

carne

mish

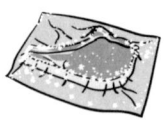

alimente refrigerate

ushqim i ngrirë

mezeluri și brânzeturi feliate

copë

conserve

ushqim i konservuar

detergent

pluhur larës

dulciuri

ëmbëlsirat

articole de menaj

prodhime shtëpie

produse de curățenie

produkte pastrimi

vânzătoare

shitëse

casă

kasë fiskale

casier

arkëtar

listă de cumpărături

listë blerjeje

orar

oraret e punës

portmoneu

portofol

carte de credit

kartë krediti

geantă

çantë

pungă de plastic

qese plastike

apă

ujë

suc

lëng frutash

lapte

qumësht

cola

koka-kola

vin

verë

bere

birrë

alcool

alkool

cacao

kakao

ceai

çaj

cafea

kafe

espresso

kafe ekspres

cappucino

kapuçino

banane

banane

măr

mollë

portocală

portokalle

pepene

pjepër

lămâie

limon

morcov

karrotë

usturoi

hudhër

bambus

bambu

ceapă

qepë

ciupercă

kërpudha

nuci

arra

paste făinoase

makarona

spagheti

spageti

orez

oriz

salată

sallatë

cartofi prăjiți

patate të skuqura

cartofi țărănești

patate të skuqura

pizza

pica

hamburger

hamburger

sandwich

sanduiç

șnițel

shnicel

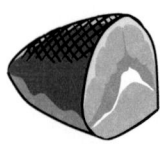

șuncă

proshutë

salam

sallam

cârnați

salçiçe

pui

pulë

friptură

skuq

pește

peshk

fulgi de ovăz
tërshërë

musli
drithëra

cereale
kornfleiks

făină
miell

corn
kruasant

chifle
panine

pâine
bukë

pâine prăjită
tost

biscuiți
biskotë

unt
gjalp

brânză de vaci
gjizë

prăjitură
tortë

ou
vezë

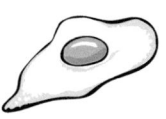

ouă ochiuri
vezë sy

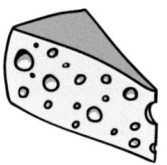

brânză
djathë

îngheţată

akullore

zahăr

sheqer

miere

mjaltë

marmeladă

marmaladë

cremă nuga

çokokrem

curry

këri

gospodărie țărănească
fermë

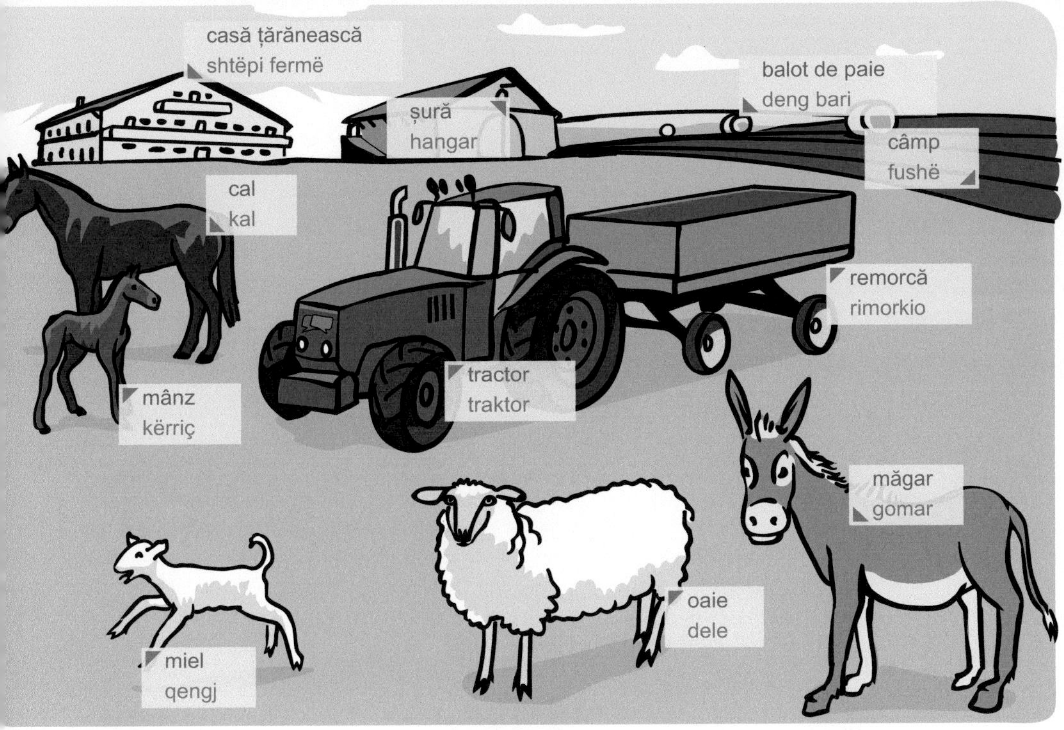
casă țărănească
shtëpi fermë
balot de paie
deng bari
șură
hangar
câmp
fushë
cal
kal
remorcă
rimorkio
tractor
traktor
mânz
kërriç
măgar
gomar
oaie
dele
miel
qengj

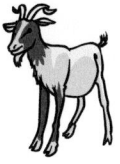

capră

dhi

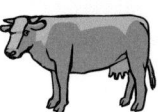

vacă

lopë

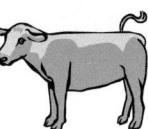

vițel

viç

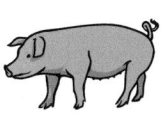

porc

derr

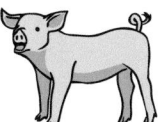

purcel

derrkuc

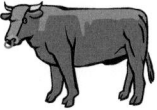

taur

dem

găină

patë

rață

rosë

pui

zog pule

găină

pulë

cocoș

gjel

șobolan

mi

pisică

mace

șoarece

mi

bou

buall

câine

qen

cușcă

kolibe qeni

furtun de grădină

zorrë vaditëse

stropitoare

vaditëse

coasă

kosë

plug

plug

seceră

drapër

sapă

shat

furcă

kosa

secure

sëpatë

roabă

karrocë

troacă

govatë

cană pentru lapte

bidon qumështi

sac

thes

gard

gardh

grajd

ahur

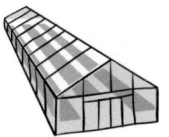

seră

serë

sol

dhe

sămânță

farë

fertilizator

pleh

combină de treierat

autokombanjë

a culege

korr

recoltă

te korrat

cartof yam

patate e ëmbël "Yam"

grâu

grurë

soia

soja

cartof

patate

porumb

misër

rapiță

raps

pom fructifer

pemë frutore

manioc

zhardhok manioku

cereale

drithëra

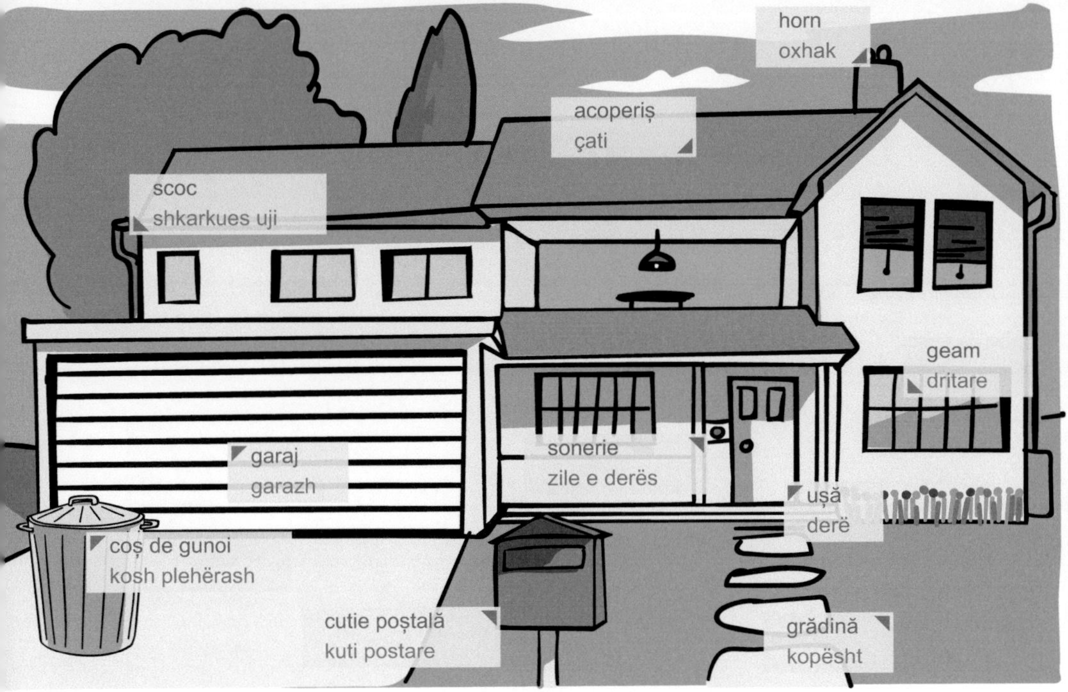

horn
oxhak

acoperiș
çati

scoc
shkarkues uji

geam
dritare

garaj
garazh

sonerie
zile e derës

ușă
derë

coș de gunoi
kosh plehërash

cutie poștală
kuti postare

grădină
kopësht

cameră de zi

dhomë ndenjeje

baie

tualet

bucătărie

kuzhinë

dormitor

dhomë gjumi

camera copiilor

dhomë fëmijësh

sufragerie

dhomë ngrënieje

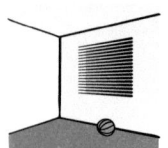

podea

dysheme

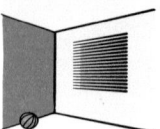

perete

mur

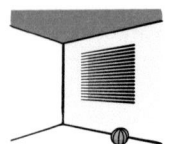

tavan

tavan

pivniță

bodrum

saună

sauna

balcon

ballkon

terasă

tarracë

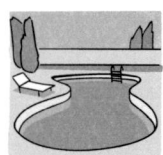

piscină

pishinë

mașină de tuns iarba

kositëse bari

cearșaf

çarçaf

cuvertură

kuvertë

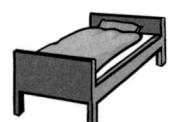

pat

krevat

mătură

fshesë dore

găleată

kovë

întrerupător

çelës

cameră de zi

dhomë ndenjeje

tapet
tapiceri
pictură
fotografi
lampă
llambë
raft
raft
dulap
dollap
televizor
pajisje televizive
șemineu
vatër
floare
lule
pernă
jastëk
sofa
divan
vază
vazo
telecomandă
telekomandë

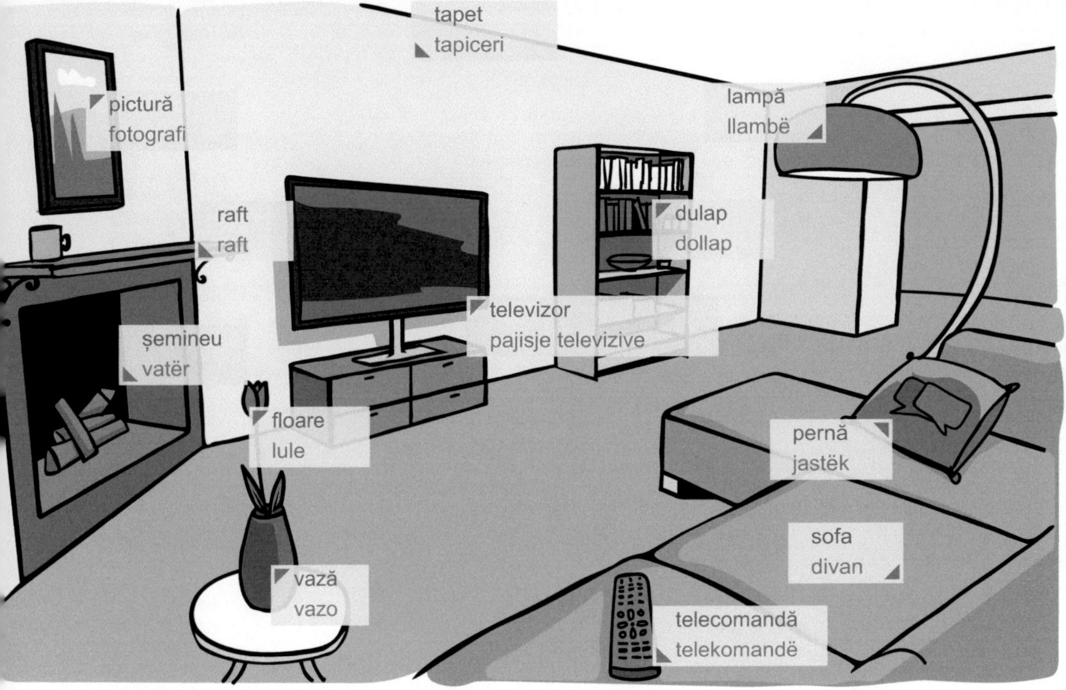

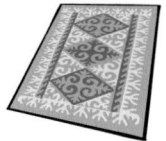

covor

qilim

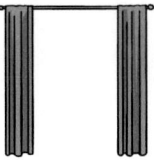

perdea

perde

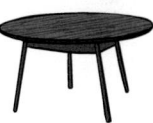

masă

tavolinë

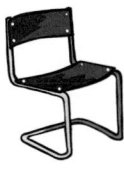

scaun

karrige

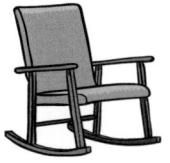

balansoar

karrige lëkundëse

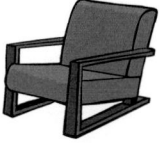

fotoliu

kolltuk

carte

libri

pătură

batanije

decoraţiune

zbukurime

lemn de foc

dru zjarri

film

film

instalaţie stereo

stereo

cheie

çelës

ziar

gazetë

desen

pikturë

poster

afishe

radio

radio

caiet de notiţe

bllok shënimesh

aspirator

fshesë me korent

cactus

kaktus

lumânare

qiri

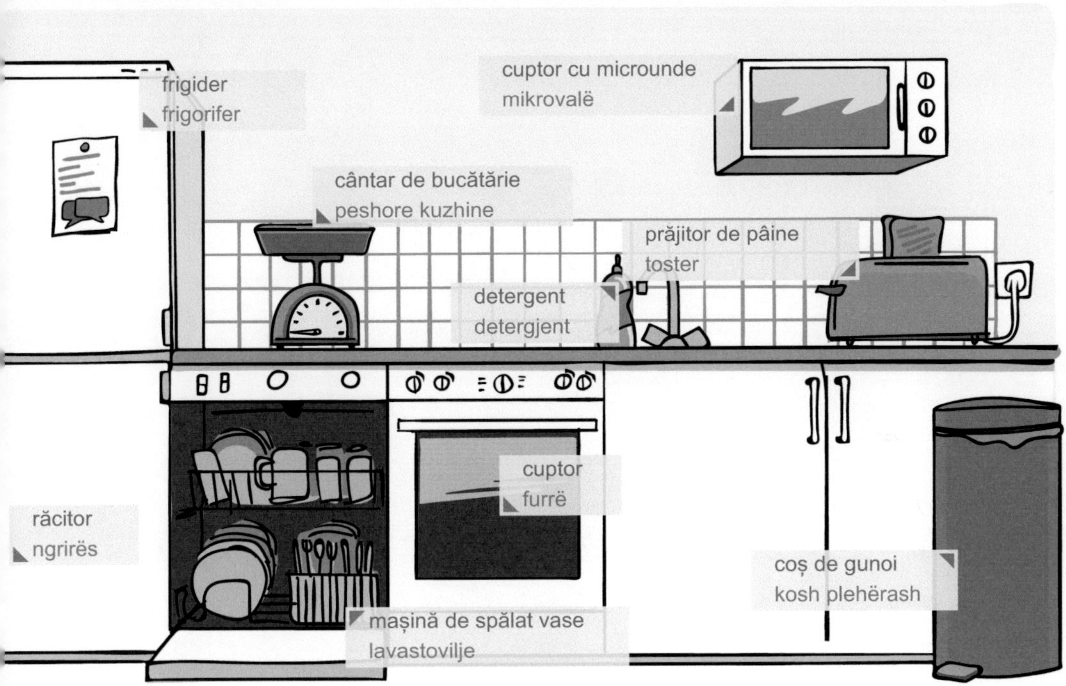

frigider
frigorifer

cuptor cu microunde
mikrovalë

cântar de bucătărie
peshore kuzhine

prăjitor de pâine
toster

detergent
detergjent

cuptor
furrë

răcitor
ngrirës

coș de gunoi
kosh plehërash

mașină de spălat vase
lavastovilje

cuptor
sobë

oală
tenxhere

oală de metal
tenxhere me kapak

wok/kadai
tigan special (Wok)

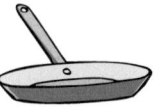

tigaie
tigan

ceainic
çajnik

oală de gătit cu aburi

tenxhere me avull

tavă de copt

tavë pjekjeje

veselă

enë

pahar

filxhan

bol

tas

bețișoare

shkopinj

polonic

garuzhde

spatulă

spatul

tel

tel kuzhine

sită

kulluese

sită

sitë

răzătoare

rende

mojar

havan

grătar

skarë

loc pentru grătar

zjarr

tocător

dërrasë për prerje

sucitor

okllai

conservă

kanaçe

deschizător de conserve

hapëse kanaçeje

șervete termice

rrobë për të kapur
tenxheren

chiuvetă

lavaman

perie

furçë

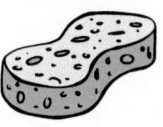

burete

sfungjer

mixer

përzjerës

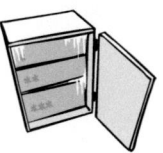

ladă frigorifică

ngrirës

biberon

biberon për lëngje

robinet

rubinet

baie
tualet

încălzire
ngrohje
prosop
peshqirë
duș
dush
perdea de duș
perde dushi
baie cu spumă
vaskë me shkumë
cadă
vaskë
pahar
gotë
mașină de spălat
lavatriçe
robinet
rubinet
gresie
pllaka
oală de noapte
oturak
chiuvetă
lavaman

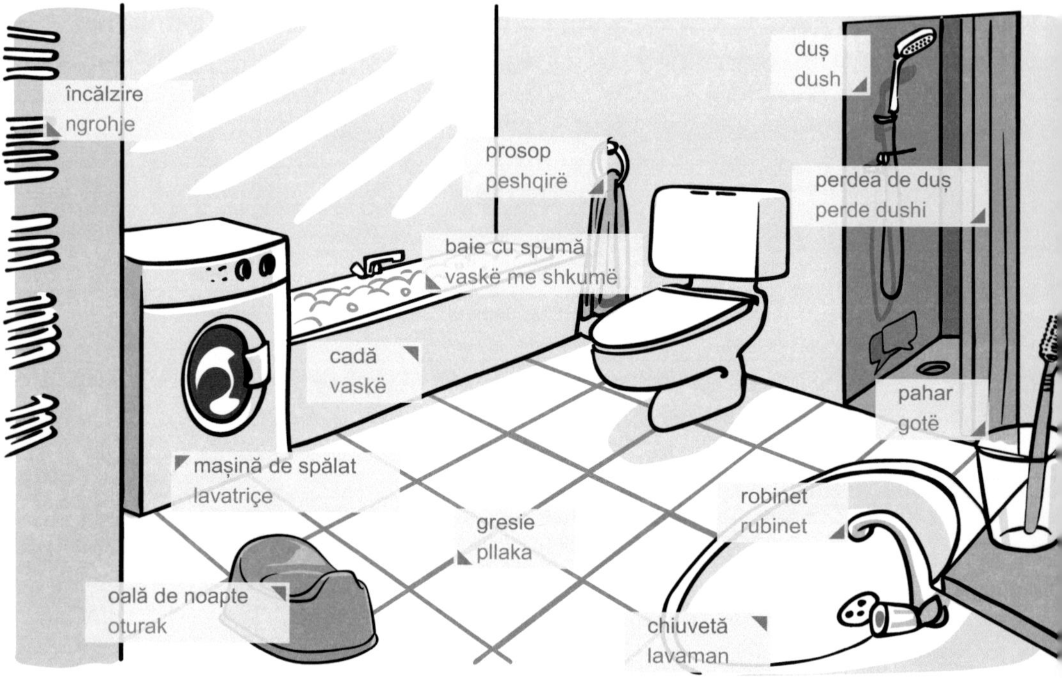

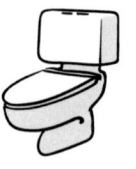

toaletă

tualet

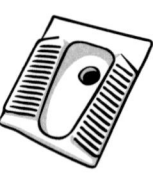

toaletă turcescă

WC e sheshtë

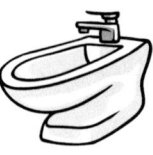

bideu

bide

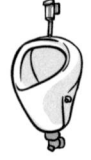

pisoir

tualet publik

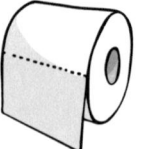

hârtie igienică

letër higjienike

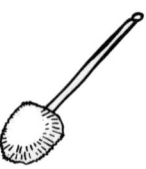

perie de toaletă

furçe për WC

periuță de dinți

furçë dhëmbësh

pastă de dinți

pastë dhëmbësh

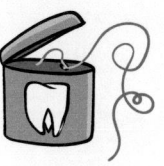

ață dentară

fije dentare

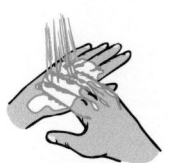

a spăla

laj

cap de duș

dorezë dushi

duș intim

larës për zonën intime

lavoar

legen

perie pentru spate

furçë për masazh shpine

săpun

sapun

gel de duș

shampo trupi

șampon

shampo

cârpă de spălat

leckë pastruese

scurgere

kullues

cremă

krem

deodorant

antidjersë

oglindă

pasqyrë

oglindă cosmetică

pasqyrë dore

aparat de ras

brisk rroje

spumă de ras

shkumë rroje

aftershave

locion pas rrojes

pieptene

krehër

perie

furçë

uscător de păr

tharëse flokësh

fixator

llak për flokët

machiaj

grim

ruj

buzëkuq

lac de unghii

manikyr

vată

mbushje pambuku

foarfece de unghii

gërshërë për thonj

parfum

parfum

40   baie - tualet

neseser

çantë për sendet personale

taburet

Stol

cântar

peshore

halat de baie

robëdëshambër

mănuși de cauciuc

dorashka gome

tampon

tampon

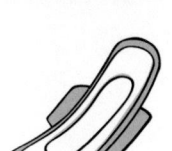

tampon

peceta higjienike

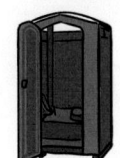

toaletă chimică

tualet I lëvizshëm

camera copiilor
dhomë fëmijësh

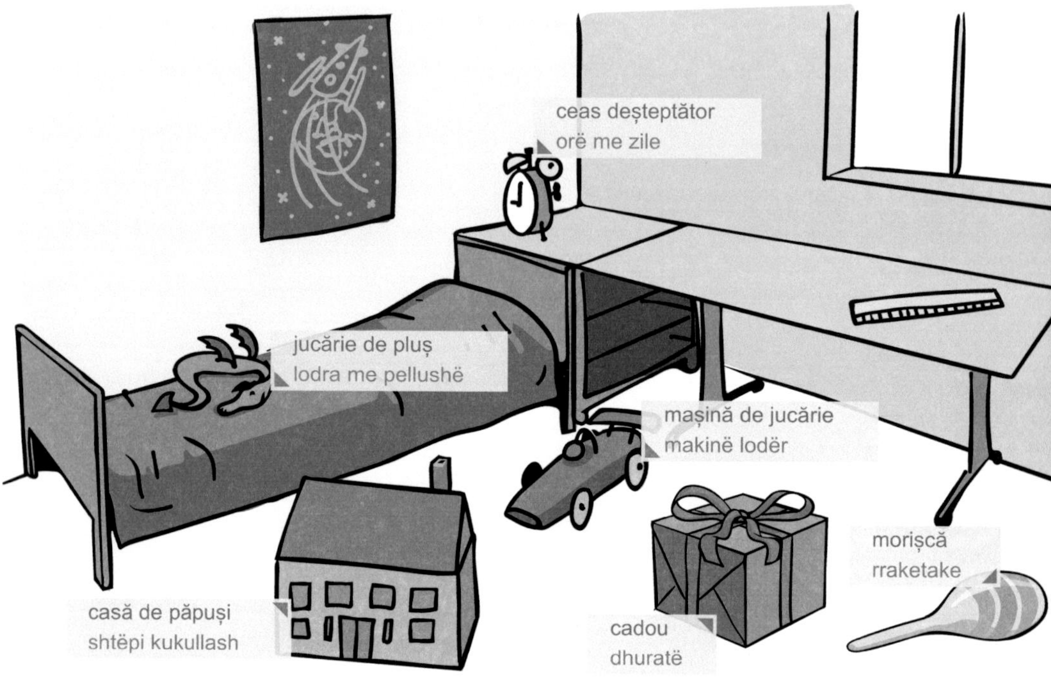
ceas deșteptător
orë me zile
jucărie de pluș
lodra me pellushë
mașină de jucărie
makinë lodër
morișcă
rraketake
casă de păpuși
shtëpi kukullash
cadou
dhuratë

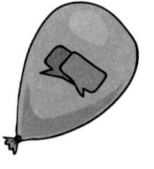

balon

tollumbace

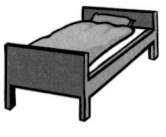

pat

krevat

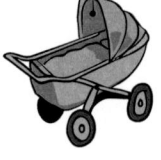

cărucior de copii

karrocë fëmijësh

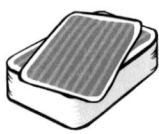

joc de cărți

lojë me letra

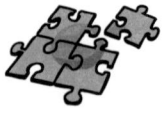

puzzle

bashkim pjesësh me figura

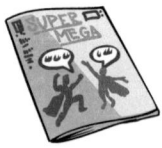

revistă de benzi desenate

komik

cuburi lego

formuese lodër

piese pentru construcţii

kuba plastikë

personaj din filmele de acţiune

lodra

body

badi

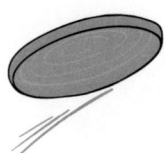

frisbee

frizbi

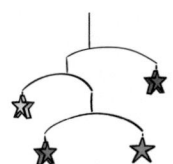

mobil

lodra të varura tek krevati i fëmijëve

joc de societate

tavolinë lojërash

zar

zare

set trenuleţ de jucărie

model treni

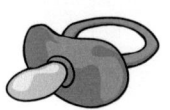

suzetă

biberon

petrecere

festë

carte cu poze

libër me ilustrime

minge

top

păpuşă

kukull

a se juca

luaj

groapă de nisip

grumbull rëre

leagăn

kolovarëse

jucării

lodra

consolă video

leva për lojra video

tricicletă

triçikël

ursuleț

arush prej pellushi

dulap

garderobë

șosete

çorape

ciorapi

çorape të gjata

dres

geta

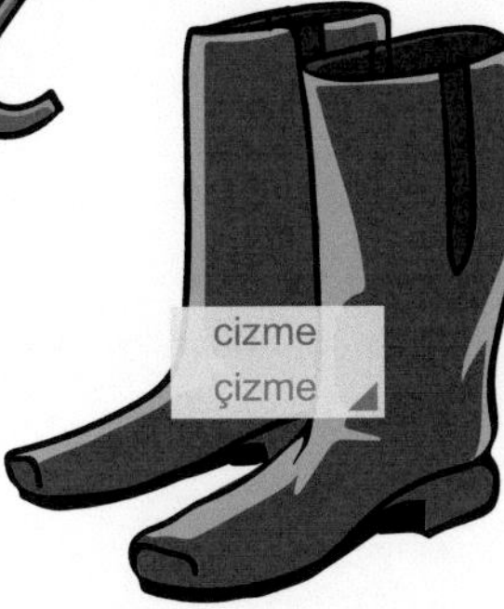

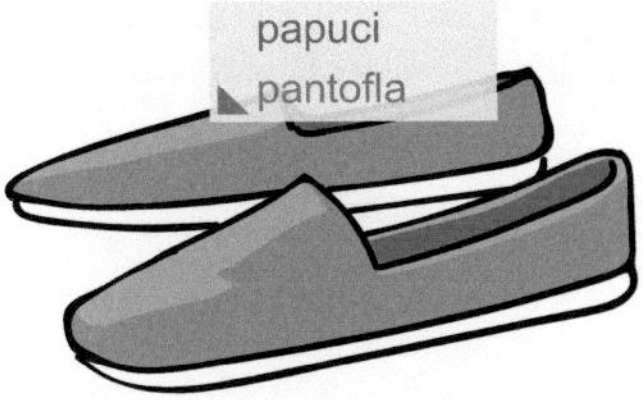

şal
shall

curea
rrip

umbrelă
çadër

tricou
bluzë pa jakë

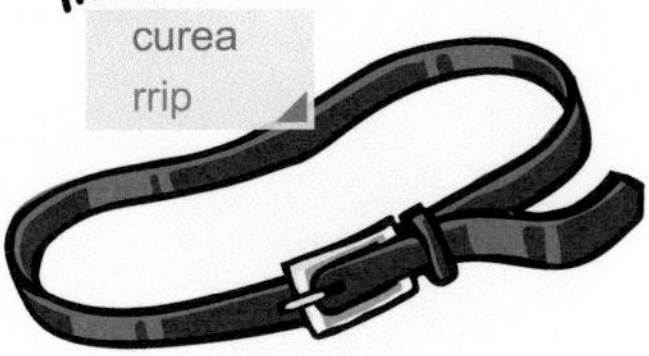

cizme
çizme

papuci
pantofla

pantofi sport
atlete

sandale
....
sandale

încălţăminte
....
këpucë

cizme de cauciuc
....
çizme llastiku

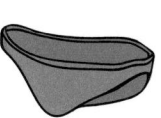

chilot
....
të mbathura

sutien
....
reçipeta

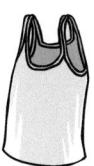

maiou
....
kanotierë

îmbrăcăminte - veshje

45

body

trup

pantaloni

pantallona

blugi

xhinse

fustă

fund

bluză

bluzë

cămașă

këmishë

pulover

pulovër

jerseu

triko

sacou

xhaketë

jachetă

xhaketë

palton

pallto

pelerină de ploaie

mushama shiu

costum

kostum

rochie

fustan

rochie de mireasă

fustan nusërie

costum

kostum

cămașă de noapte

këmishë nate

pijama

pizhama

sari

sari (veshje tradicionale indiane)

batic

shami koke

turban

çallmë

burka

veshje për femrat e besimit musliman

caftan

kaftan (lloj veshjeje tradicionale)

abaya

ferexhe

costum de baie

kostum banje

șort

rroba banje

pantaloni scurți

pantallona të shkurtra

trening

tuta sporti

șorț

përparëse

mănuși

dorashka

nasture

kopsë

ochelari

syze

brățară

byzylyk

lanț

gjerdan

inel

unazë

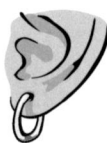

cercel

vath

căciulă

kapuç

umeraș

varëse për pallto

pălărie

kapele

cravată

kravatë

fermoar

zinxhir

cască

helmetë

bretele

tiranda

uniformă școlară

uniformë shkolle

uniformă

uniformë

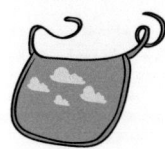

bavețică

gushore

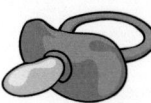

suzetă

biberon

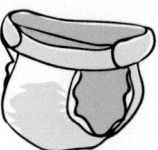

scutec

pelenë

birou

zyrë

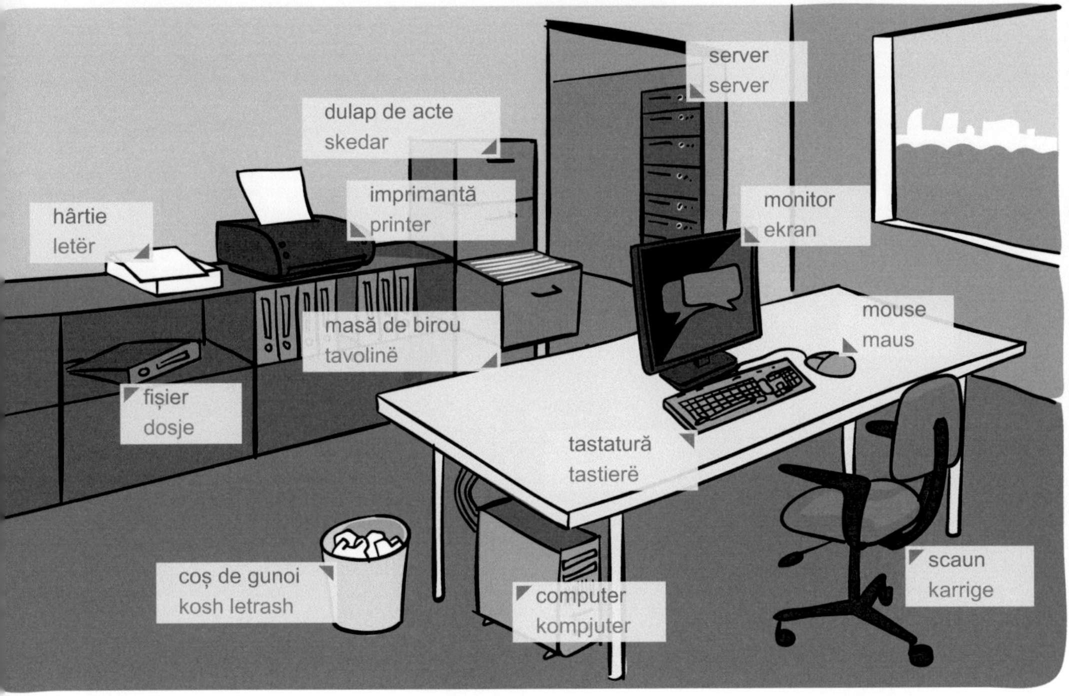
server
server
dulap de acte
skedar
imprimantă
printer
hârtie
letër
monitor
ekran
mouse
maus
masă de birou
tavolinë
fișier
dosje
tastatură
tastierë
coș de gunoi
kosh letrash
computer
kompjuter
scaun
karrige

ceașcă de cafea

filxhan kafeje

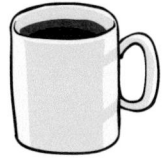

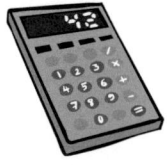

calculator

makinë llogaritëse

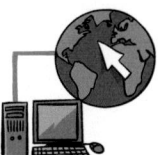

internet

internet

laptop

kompjuter portativ

scrisoare

letër

mesaj

mesazh

telefon mobil

telefon

rețea

rrjet

copiator

fotokopje

software

program

telefon

telefon

priză

prizë

fax

pajisje faksi

formular

formular

document

dokument

a cumpăra

blej

a plăti

paguaj

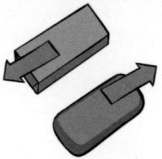

a face comerț

tregtoj

bani

para

 USD

Dolar

dollar

 EUR

Euro

euro

 JPY

Yen

jen

 RUB

Rublă

rubla

 CHF

Franc Elvețian

franga zvicerane

 CNY

renminbi yuan

juani kinez

 INR

Rupie

rupje

bancomat

bankomat

casă de schimb valutar

pikë këmbimi valutor

aur

ar

argint

argjend

petrol

nafta

energie

energji

preț

çmim

contract

kontratë

impozit

taksë

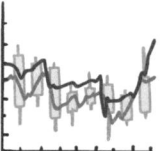

acțiune

aksione

a munci

punoj

angajat

punonjës

angajator

punëdhënës

fabrică

fabrikë

magazin

dyqan

polițist
oficer policie

pompier
zjarrfikës

bucătar
kuzhinier

medic
mjek

pilot
pilot

grădinar

kopshtar

tâmplar

marangoz

cusătoreasă

rrobaqepëse

judecător

gjykatës

chimist

kimist

actor

aktor

șofer de autobuz

shofer autobuzi

șofer de taxi

taksist

pescar

peshkatar

femeie de serviciu

pastruese

tinichigiu

riparues çatish

chelnăr

kamarier

vânător

gjuetar

pictor

piktor

brutar

furrxhi

electrician

elektriçist

muncitor în construcții

ndërtues

inginer

inxhinier

măcelar

kasap

instalator

hidraulik

poștaș

postieri

soldat

ushtar

arhitect

arkitekt

casier

arkëtar

florar

luleshitës

frizer

berber

controlor

kontrollor

mecanic

mekanik

căpitan

kapiten

stomatolog

dentist

om de ştiinţă

shkencëtar

rabin

rabin

imam

imam

călugăr

murg

preot

klerik

instrumente

mjete

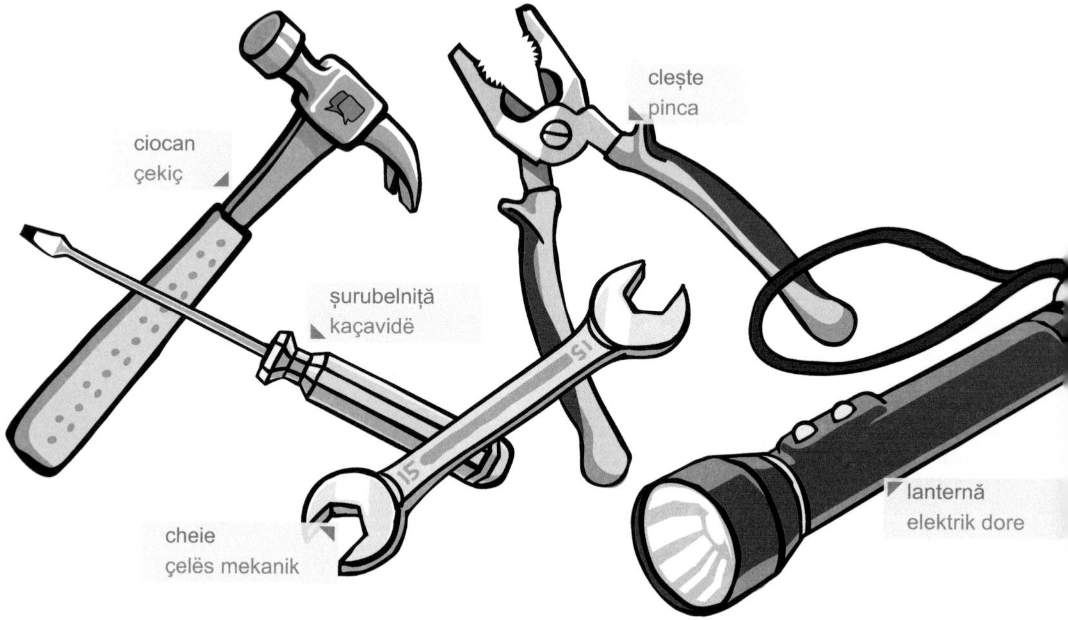

ciocan
çekiç
clește
pinca
șurubelniță
kaçavidë
cheie
çelës mekanik
lanternă
elektrik dore

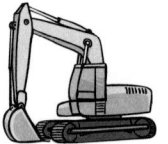

excavator

ekskavator

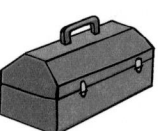

cutie de scule

kuti veglash

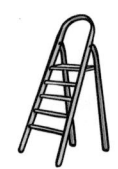

scară

shkallë

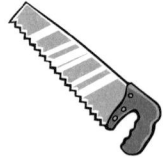

ferăstrău

sharrë

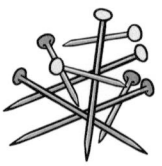

cuie

gozhdë

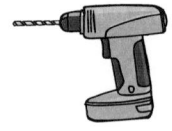

burghiu

trapan

a repara

riparoj

lopată

lopatë

La naiba!

Dreq!

făraș

kaci

vas pentru vopsea

kuti boje

șuruburi

vidhë

instrumente muzicale
instrumenta muzikorë

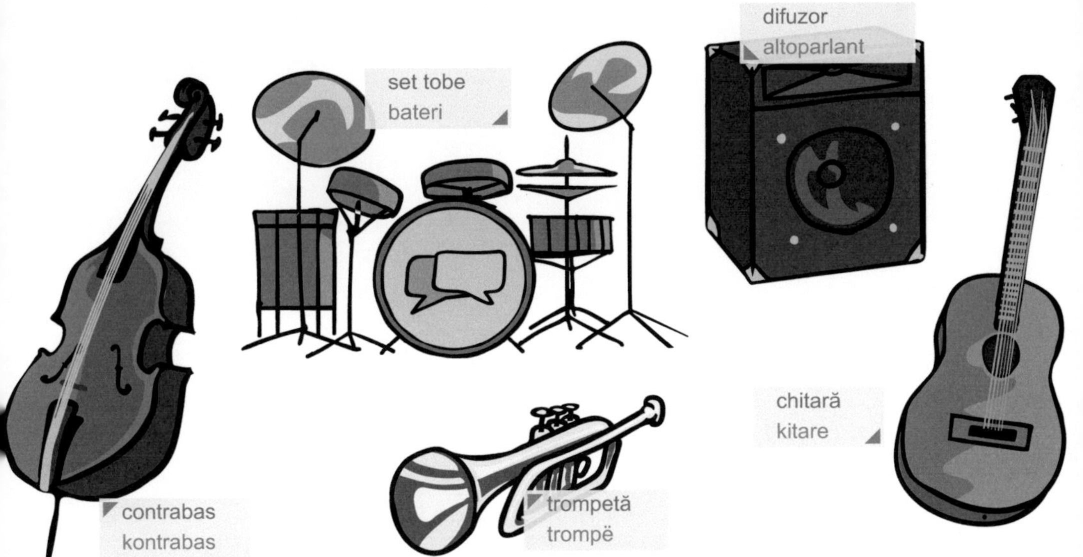

difuzor
altoparlant

set tobe
bateri

chitară
kitare

contrabas
kontrabas

trompetă
trompë

pian
piano

vioară
violinë

bas
bas

trombon
tamburë

tobă
daulle

keyboard
tastierë pianoje

saxofon
saksofon

fluier
flaut

microfon
mikrofon

instrumente muzicale - instrumenta muzikorë

grădină zoologică

kopsht zoologjik

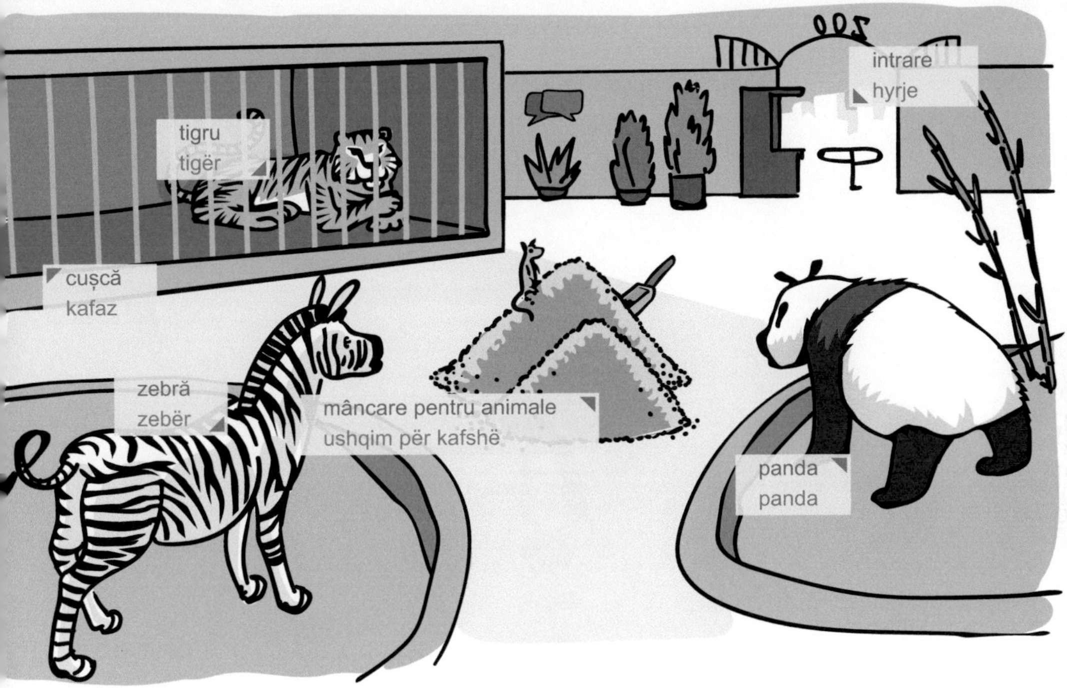

zoo
intrare
hyrje
tigru
tigër
cușcă
kafaz
zebră
zebër
mâncare pentru animale
ushqim për kafshë
panda
panda

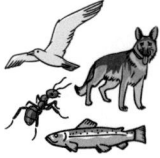

animale

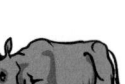

kafshë

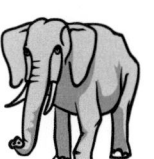

elefant

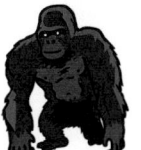

elefant

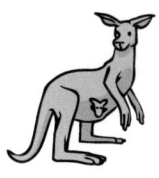

cangur

kangur

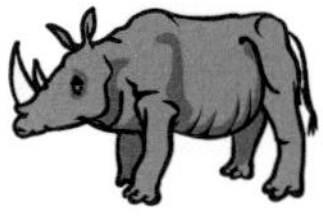

rinocer

rinoceront

gorilă

gorillë

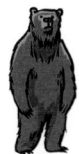

urs

ari

cămilă
deve

struț
struc

leu
luan

maimuță
majmun

flamingo
flamingo

papagal
papagall

urs polar
ari polar

pinguin
pinguin

rechin
peshkaqen

păun
pallua

șarpe
gjarpër

crocodil
krokodil

îngrijitor grădina zoologică
punonjës i kopshtit zoologjik

focă
fokë

jaguar
xhaguar

ponei

poni

leopard

leopard

hipopotam

hipopotam

girafă

gjirafë

acvilă

shqiponjë

porc mistreț

derr i egër

pește

peshk

broască țestoasă

breshkë

morsă

lopë deti

vulpe

dhelpër

gazelă

gazelë

fotbal american
futboll amerikan

ciclism
çiklizëm

tenis
tenis

basketball
basketboll

înot
not

box
boks

hockey pe gheață
hokej mbi akull

fotbal
futboll

badminton
badminton

atletism
atletikë

handbal
hendboll

schi
ski

polo
polo

activități

aktivitet

a sări
hidhem
a îmbrățișa
përqafoj
a râde
qesh
a merge
eci
a cânta
këndoj
a visa
ëndërroj
a se ruga
lutem
a săruta
puth

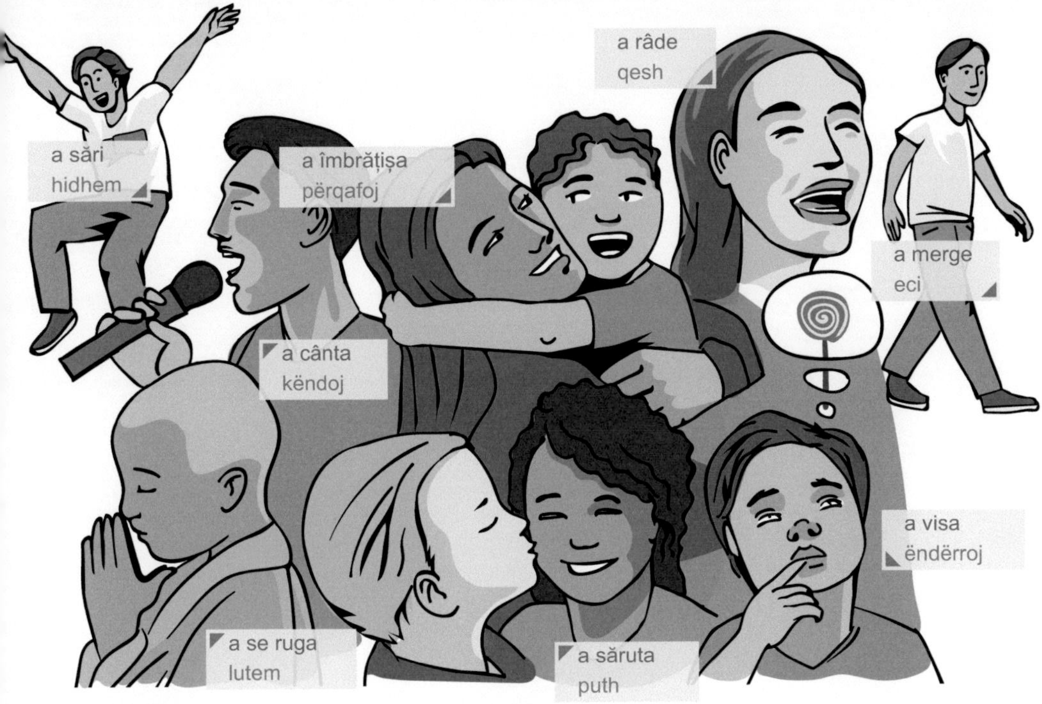

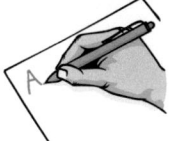

a scrie

shkruaj

a desena

vizatoj

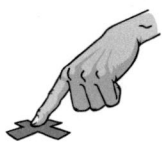

a arăta

tregoj

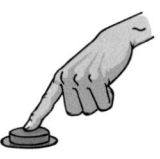

a împinge

shtyj

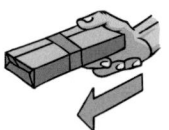

a da

jap

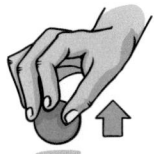

a lua

marr

a avea

kam

a face

bëj

a fi

jam

a sta în picioare

qëndroj

a fugi

vrapoj

a trage

tërheq

a arunca

hedh

a cădea

bie

a sta întins

shtrihem

a aștepta

pres

a purta

mbaj

a ședea

ulem

a se îmbrăca

vishem

a dormi

fle

a se trezi

zgjohem

a privi

shikoj

a plânge

qaj

a mângâia

përkëdhel

a se pieptăna

kreh

a vorbi

bisedoj

a înțelege

kuptoj

a întreba

kërkoj

a asculta

dëgjoj

a bea

pi

a mânca

ha

a face ordine

sistemoj

a iubi

dashuroj

a găti

gatuaj

a conduce

drejtoj makinën

a zbura

fluturoj

a naviga

lundroj

a calcula

llogaris

a citi

lexoj

a învăța

mësoj

a munci

punoj

a se căsători

martohem

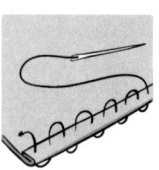

a coase

qep

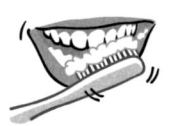

a se spăla pe dinți

laj dhëmbët

a ucide

vras

a fuma

tymos

a trimite

dërgoj

familie

familje

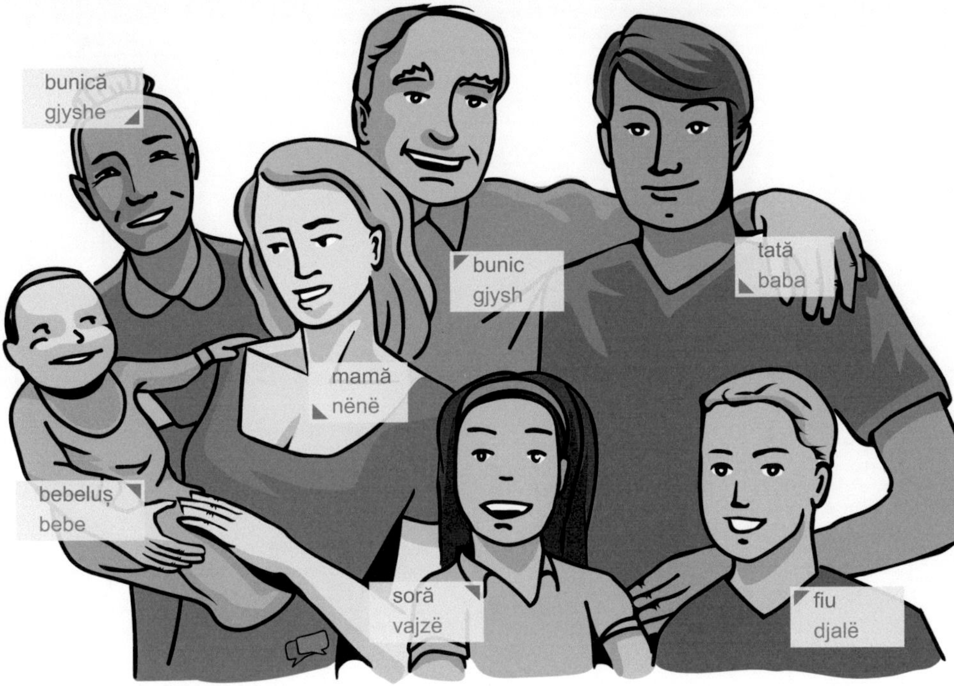
bunică
gjyshe
bunic
gjysh
tată
baba
mamă
nënë
bebeluș
bebe
soră
vajzë
fiu
djalë

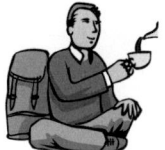

oaspete

mysafir

mătușă

teze, hallë

unchi

dajë, xhaxha

frate

vëlla

soră

motër

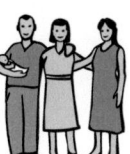

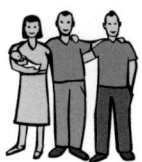

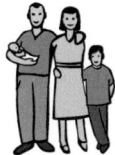

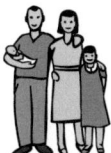

corp
trupi

frunte
balli
ochi
syri
umăr
shpatulla
deget
gishti
față
fytyra
bărbie
mjekra
mână
dora
piept
kraharori
picior
këmba
braț
krahu

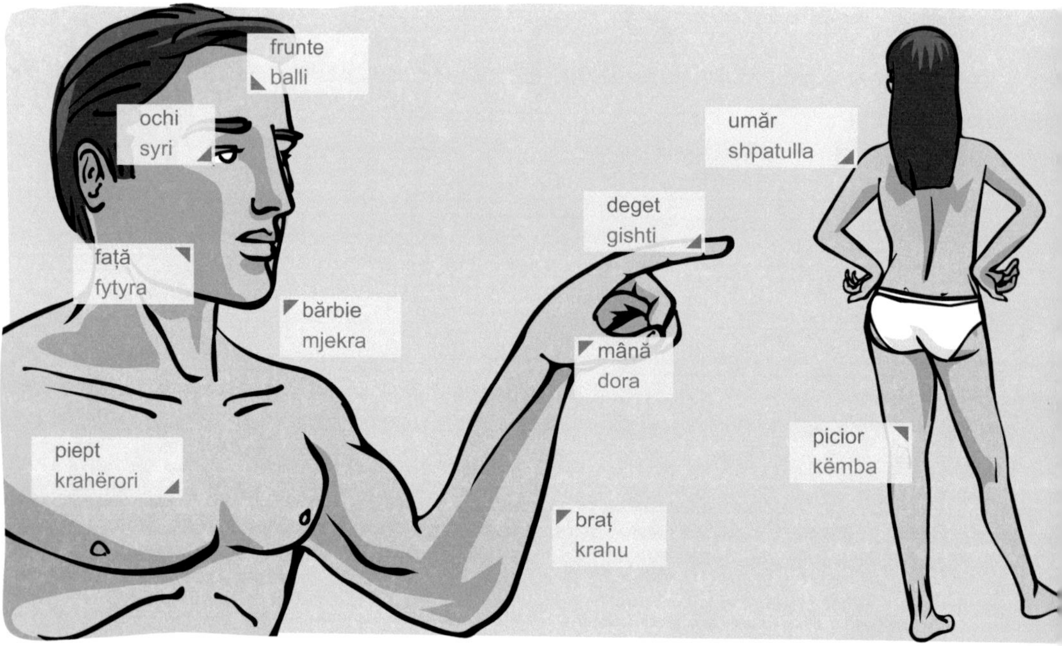

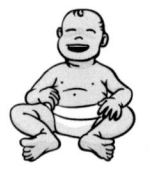

bebeluș

bebe

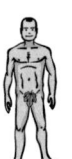

bărbat

burrë

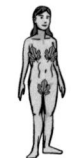

femeie

grua

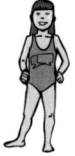

fată

vajzë

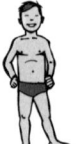

băiat

djalë

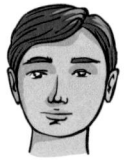

cap

koka

spate

shpina

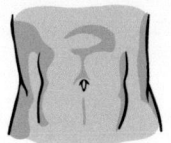

abdomen

barku

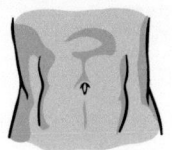

ombilic

kërthiza

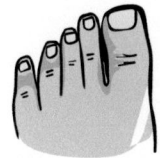

deget de la picior

gisht këmbe

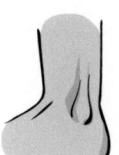

călcâi

Thembra

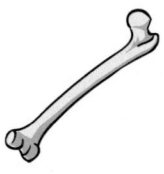

os

kockë

șold

legeni

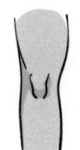

genunchi

gjuri

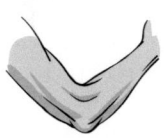

cot

bërryli

nas

hunda

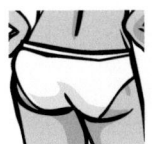

fund

vithe

piele

lëkura

obraz

faqja

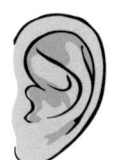

ureche

veshi

buză

buza

gură
goja

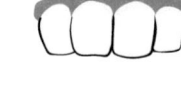

dinte
dhëmbët

limbă
gjuha

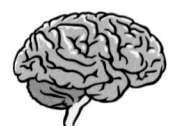

creier
truri

inimă
zemra

muşchi
muskul

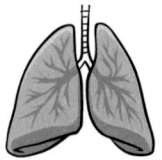

plămân
mushkëria

ficat
mëlçia

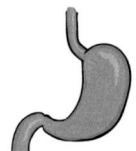

stomac
stomaku

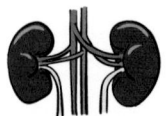

rinichi
veshka

sex
seks

prezervativ
prezervativ

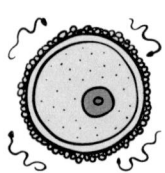

ovul
veza

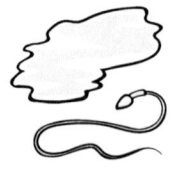

spermă
sperma

sarcină
shtatëzani

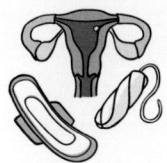

menstruație

menstruacione

vagin

vagina

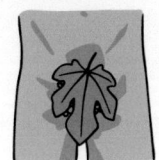

penis

penis

sprânceană

vetulla

păr

flokët

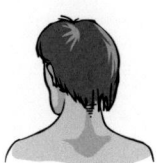

gât

qafa

spital
spital

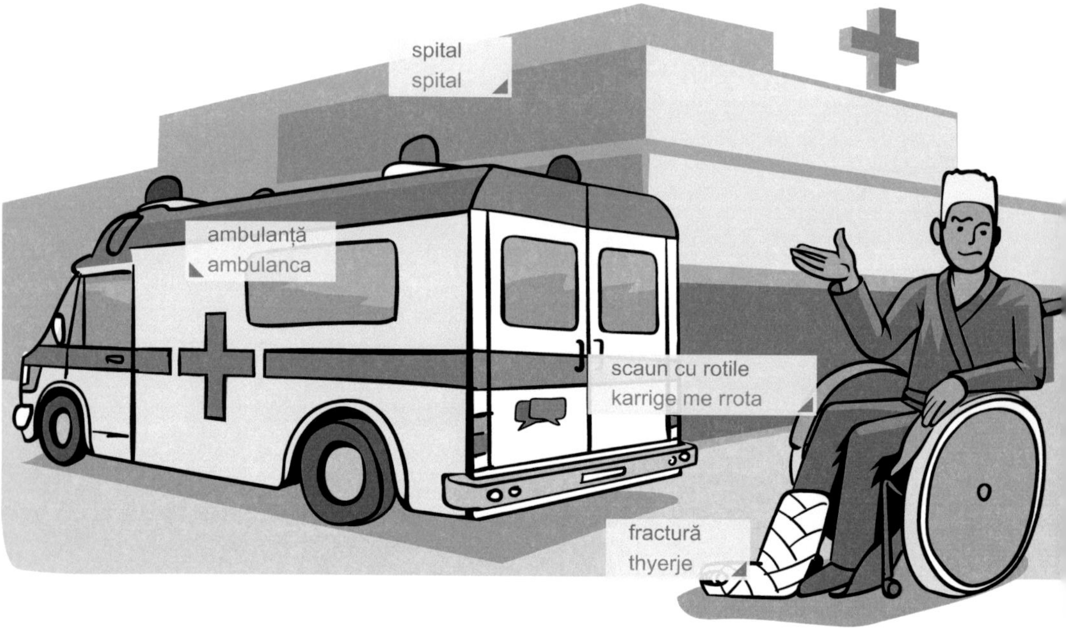

spital
spital
ambulanță
ambulanca
scaun cu rotile
karrige me rrota
fractură
thyerje

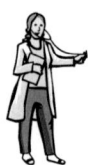

medic

mjek

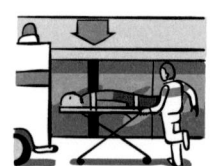

unitate de primiri urgențe

sallë urgjencash

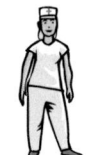

soră medicală

infermiere

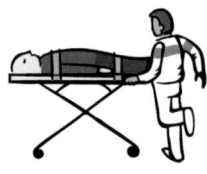

urgență

emergjencë

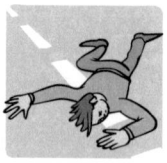

inconștient

i pandërgjegjshëm

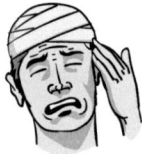

durere

dhimbje

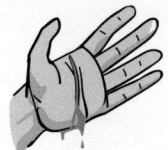

leziune

dëmtim

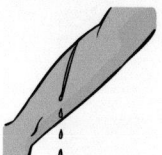

sângerare

gjakosje

infarct miocardic

infarkt

atac cerebral

goditje

alergie

alergji

tuse

kolla

febră

ethe

gripă

grip

diaree

diarre

durere de cap

dhimbje koke

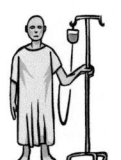

cancer

kancer

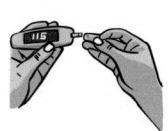

diabet

diabet

chirurg

kirurg

scalpel

bisturi

operație

operacion

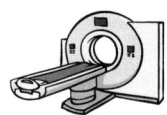

CT
CT (skaner)

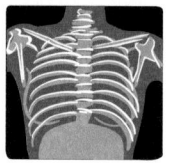

raze Röntgen
radiografi

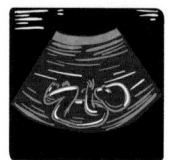

ultrasunet
ultratingull

mască
maskë fytyre

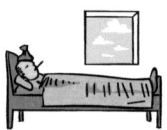

boală
sëmundje

sală de așteptare
dhomë pritjeje

cârjă
paterica

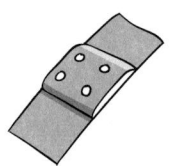

plasture
leukoplast

bandaj
fasho

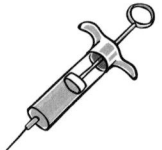

injecție
injeksion

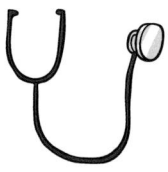

stetoscop
stetoskop

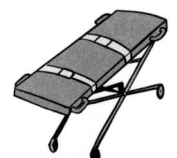

targă
barelë

termometru
termometër

naștere
lindje

supraponderabilitate
mbipeshë

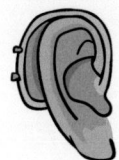

aparat auditiv

aparat dëgjimi

dezinfectant

dezinfektant

infecție

infeksion

virus

virus

HIV/SIDA

HIV / AIDS

medicină

mjekësi, mjekim

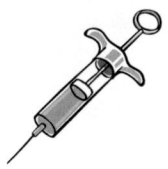

vaccin

vaksinim

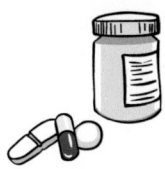

tablete

tableta

pastilă

pilulë

apel de urgență

telefonatë emergjence

aparat de măsurare a
presiunii arteriale

aparat tensioni

bolnav/sănătos

i sëmurë / i shëndetshëm

Ajutor!

Ndihmë!

alarmă

alarm

agresiune

sulm

atac

atak

pericol

rrezik

ieşire de urgenţă

dalje emergjence

Foc!

Zjarr!

extinctor

fikëse zjarri

accident

aksident

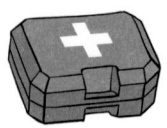

trusă de prim-ajutor

kuti e ndimës së shpejtë

SOS

SOS

poliţie

policia

Europa

Europa

America de Nord

Amerika e Veriut

America de Sud

Amerika e Jugut

Africa

Afrika

Asia

Azia

Australia

Australia

Altantic

Atlantiku

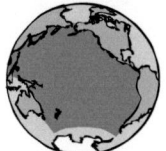

Pacific

Paqësori

Oceanul Indian

Oqeani Indian

Oceanul Antarctic

Oqeani Antarktik

Oceanul Arctic

Oqeani Arktik

Polul Nord

Poli i veriut

Polul Sud

Poli i Jugut

Antarctica

Antarktida

pământ

toka

țară

tokë

mare

det

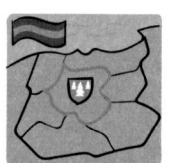

insulă

ishull

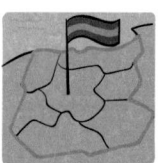

națiune

komb

stat

shtet

cadran

fusha e orës

orar

akrepi i orës

minutar

akrepi i minutave

secundar

akrepi i sekondave

Cât e ceasul?

Sa është ora?

zi

ditë

timp

kohë

acum

tani

cead digital

orë dixhitale

minut

minutë

oră

orë

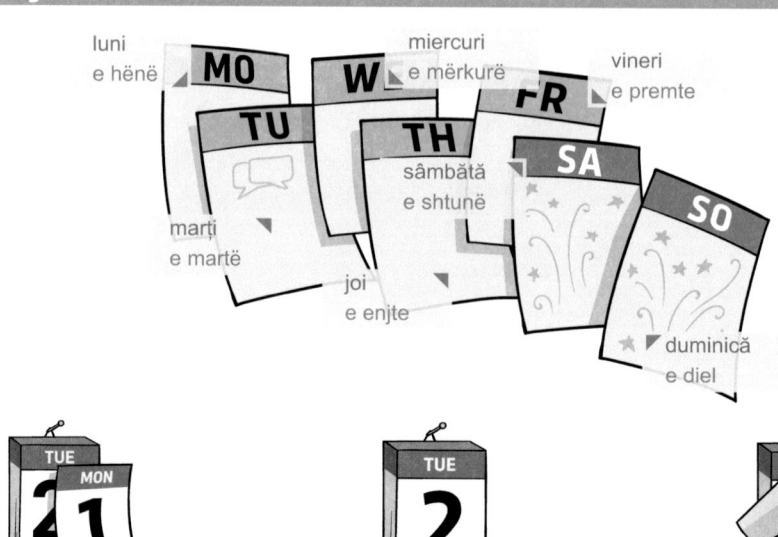

luni
e hënë

miercuri
e mërkurë

vineri
e premte

marți
e martë

sâmbătă
e shtunë

joi
e enjte

duminică
e diel

ieri

dje

azi

sot

mâine

nesër

dimineață

mëngjes

amiază

mesditë

seară

mbrëmje

MO	TU	WE	TH	FR	SA	SU
1	2	3	4	5	6	7
8	9	10	11	12	13	14
15	16	17	18	19	20	21
22	23	24	25	26	27	28
29	30	31	1	2	3	4

zile lucrătoare

ditë pune

MO	TU	WE	TH	FR	SA	SU
1	2	3	4	5	6	7
8	9	10	11	12	13	14
15	16	17	18	19	20	21
22	23	24	25	26	27	28
29	30	31	1	2	3	4

week-end

fundjavë

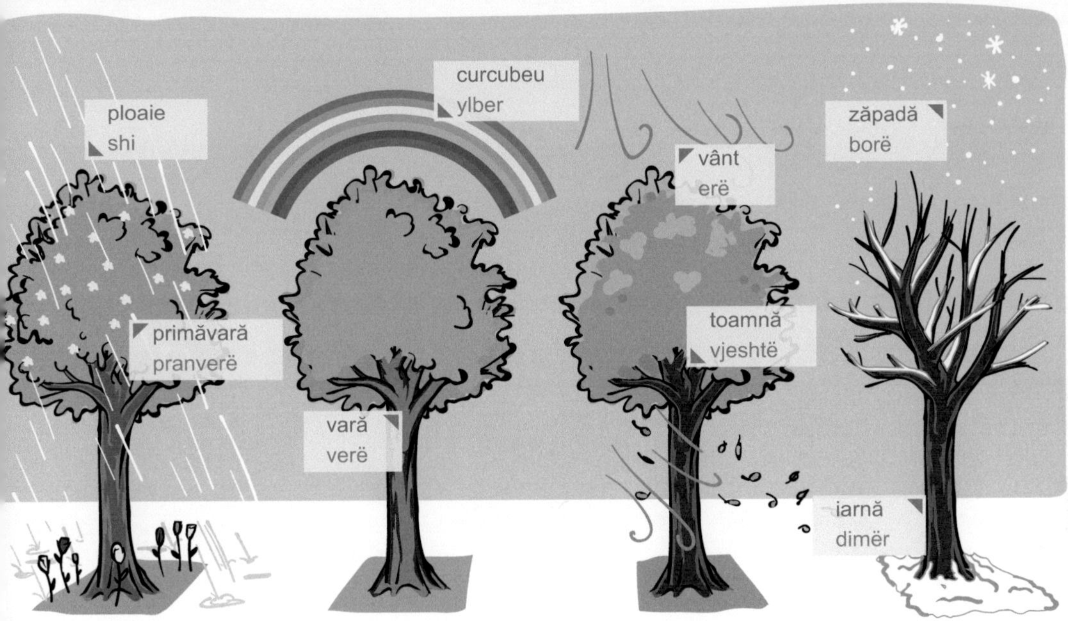

ploaie
shi

curcubeu
ylber

zăpadă
borë

vânt
erë

primăvară
pranverë

toamnă
vjeshtë

vară
verë

iarnă
dimër

prognoză meteo

parashikimi i motit

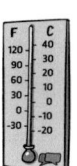

termometru

termometër

lumina soarelui

ndriçim dielli

nor

re

ceață

mjegull

umiditate a aerului

lagështi

fulger

vetëtima

tunet

gjëmim

furtună

stuhi

grindină

breshër

muson

muson

inundaţie

përmbytje

gheaţă

akull

ianuarie

janar

februarie

shkurt

martie

mars

aprilie

prill

mai

maj

iunie

qershor

iulie

korrik

august

gusht

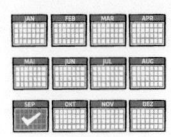

septembrie

shtator

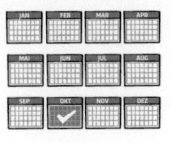

octombrie

tetor

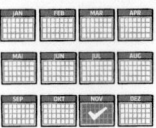

noiembrie

nëntor

decembrie

dhjetor

forme

forma

cerc

rreth

pătrat

katror

dreptunghi

drejtkëndësh

triunghi

trekëndësh

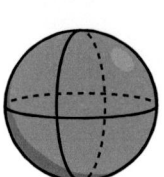

sferă

sferë

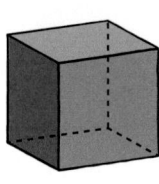

cub

kub

alb

e bardhë

galben

e verdhë

portocaliu

portokalli

roz

rozë

roșu

e kuqe

violet

vjollcë

albastru

blu

verde

e gjelbër

maro

kafe

gri

gri

negru

e zezë

mult/puțin

shumë / pak

furios/calm

i nevrikosur / i qetë

frumos/urât

i bukur / i shëmtuar

început/sfârșit

fillim / fund

mare/mic

i madh / i vogël

luminos/întunecat

i ndritshëm / i errët

frate/soră

vëlla / motër

curat/murdar

e pastër / e pistë

complet/incomplet

e plotë / jo e plotë

zi/noapte

ditë / natë

mort/viu

gjallë / vdekur

lat/strâmt

i gjerë / i ngushtë

comestibil/necomestibil

i ngrënshëm / i pangrënshëm

rău/prietenos

i keq / i këndshëm

emoţionat/plictisit

i lumtur / i mërzitur

gras/slab

i shëndoshë / i dobët

primul/ultimul

e para / e fundit

prieten/inamic

mik / armik

plin/gol

plot / bosh

tare/moale

e fortë / e butë

greu/uşor

e rëndë / e lehtë

foame/sete

uri / etje

bolnav/sănătos

i sëmurë / i shëndetshëm

ilegal/legal

e paligjshme / e ligjshme

inteligent/stupid

i zgjuar / budalla

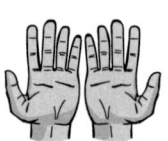

stânga/drepta

majtas / djathtas

aproape/departe

afër / larg

nou/uzat

e re / e përdorur

nimic/ceva

asgjë / diçka

bătrân/tânăr

i moshuar / i ri

pornit/oprit

ndezur / fikur

deschis/închis

hapur / mbyllur

încet/tare

i qetë / i zhurmshëm

bogat/sărac

i pasur / i varfër

corect/fals

e drejtë / e gabuar

aspru/neted

i ashpër / i butë

trist/fericit

i mërzitur / i lumtur

lung/scurt

i shkurtër / i gjatë

încet/repede

ngadalë / shpejt

ud/uscat

i lagësht / i thatë

cald/rece

ngrohtë / freskët

război/pace

luftë / paqe

0

zero

zero

1

unu

një

2

doi

dy

3

trei

tre

4

patru

katër

5

cinci

pesë

6

șase

gjashtë

7

șapte

shtatë

8

opt

tetë

9

nouă

nentë

10

zece

dhjetë

11

unsprezece

njëmbëdhjetë

12

douăsprezece

dymbëdhjetë

13

treisprezece

trembëdhjetë

14

paisprezece

katërmbëdhjetë

15

cincisprezece

pesëmbëdhjetë

16

șaisprezece

gjashtëmbëdhjetë

17

șaptesprezece

shtatëmbëdhjetë

18

optsprezece

tetëmbëdhjetë

19

nouăsprezece

nentëmbëdhjetë

20

douăzeci

njëzetë

100

o sută

qind

1.000

o mie

mijë

1.000.000

un milion

milion

engleză

anglisht

engleză americană

anglishte amerikane

chineza mandarină

kinezisht mandarin

hindi

hindi

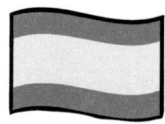

spaniolă

spanjisht

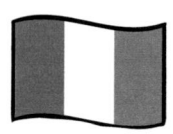

franceză

frëngjisht

arabă

arabisht

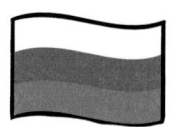

rusă

rusisht

protugheză

portugalisht

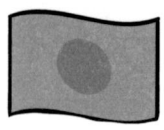

bengaleză

bengalisht

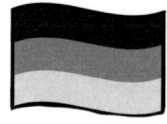

germană

gjermanisht

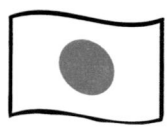

japoneză

japonisht

eu
unë

tu
ti

el/ea
ai / ajo

noi
ne

voi
ju

ea
ata

cine?
kush?

ce?
çfarë?

cum?
si?

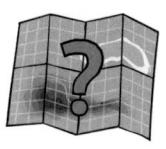

unde?
ku?

când?
kur?

nume
emër

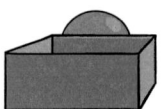

în spate

pas

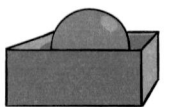

în

në

înainte

përballë

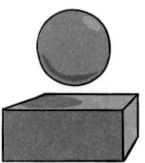

peste

sipër

pe

mbi

sub

poshtë

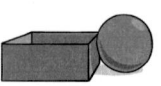

lângă

pranë

între

midis

loc

vend